AF494367

LE CAIER DE L'ASSEMBLEE GENERALE de Loudun, presenté au Roy par Messieurs les Deputez.

M. D. C. XX.

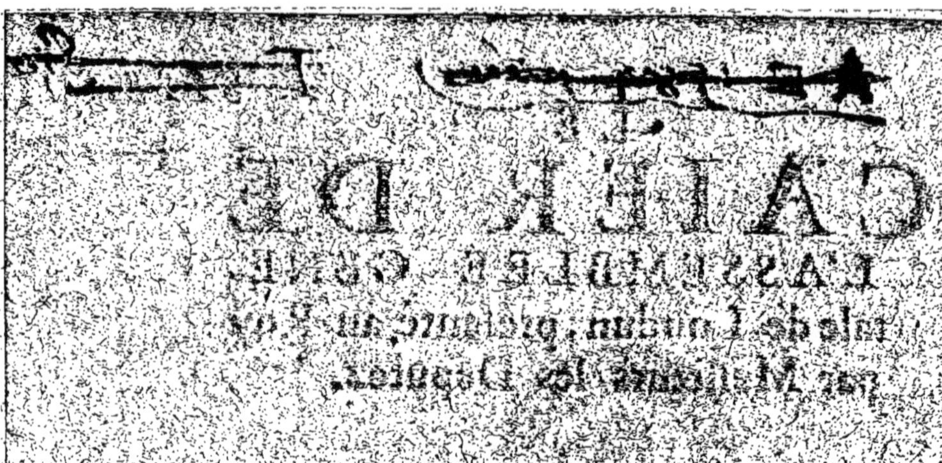

LE CAIER DE L'ASSEMBLEE DE Loudun, presenté au Roy par Messieurs les Deputez.

SVR la charge expresse donnee par les Eglises Reformees de ce Royaume & souueraineté de Bearn à leurs deputés, de ne se separer point iusques à ce que par leurs instantes & tres humbles supplications enuers sa Maiesté, ils ayent receu contentement sur la iustice de leur demandes & plaintes. La compagnie ayant pris vne particuliere cognoissance des affaires qui concernent les Eglises de France & de Bearn, & recogneu le manifeste danger qui les menasse cy des choses qui leur sont promises & accordees par les Edicts, Declarations, Breuets, Responces à Cayers, & autres concessions de sa Majesté & des Roys ses predecesseurs, qui sont entierement necessaires à leur substance, les effects en sont plus longuement empeschez, n'ayant d'ailleurs que trop experimenté iusques à present que les choses iustes & necessaires dependantes de l'execution d'iceux Edicts promis à leur assemblee, & qui par la separation d'icelles ont esté remises à leurs deputez generaux, sont demeurez sans aucune execution par les artifices de leurs mal-veillans, qui ont iusques icy empesché l'effect des bonnes inclinations de sa Majesté envers leur endroict. A ces consſequence de la permiſſion que le Roy leur a baillee de s'aſſembler, re-ſolu & arreſté tous d'vne voix & vn-animme conſentement : Auquel ſe ſont trouuez conformes les aduis de Meſſieurs les deputez des [illegible] la Religion de demeurer enſemble. Moyennant la grace de Dieu [illegible] ſe ſeparer que premierement [illegible] n'aye donné fauorable reſponce à ces iuſtes demandes & plaintes, & mis à execution les choſes promiſes & neceſſaires au repos & conſerua-tion deſdites Egliſes & membres d'i-celles, proteſtans deuant Dieu, n'a-uoir audit affermiſſement regardé qu'au bien du ſeruice du Roy & ma-nutention de la paix en laquelle leſ-dites Egliſes deſirent trouuer leur ſeu-reté & liberté ſoubs l'authorité & protection de ſa Majeſté, ſe ſoub-mettant tous leſdits deputez de ladite assemblee & des grands, en pas de contrauention à ce present article, d'estre declarez pariures & deserteurs de l'vnion des Eglises, & indignes de se trouuer desormais en assemblees generales & prouinciales, Signé le Vidame: Dechree President, Chauuin adioinct, Maldray Secretaire, & Challas Secretaire.

www.ingramcontent.com/pod-product-compliance
Ingram Content Group UK Ltd.
Pitfield, Milton Keynes, MK11 3LW, UK
UKHW022251170726
13837UKWH00006B/2504